RATUS POCHE

COLLECTION DIRIGÉE PAR JEANINE ET JEAN GUION

En plus de l'histoire :
– des mots expliqués pour t'aider à lire,
– des dessins avec des questions
pour tester ta lecture.

© Hatier Paris 1992, ISSN 1259 4652, ISBN 2-218 05559-7

Le ballon-soleil

suivi de

Le robot de Ratus

Deux histoires de Jeanine et Jean Guion
illustrées par Olivier Vogel

HATIER

Ratus
l'affreux
rat vert

LES PERSONNAGES DES HISTOIRES

Marou et Mina
qui aiment
rire et jouer

Belo
le bon grand-père chat

Dans l'histoire, où est Ratus ?

Le ballon-soleil

Sur le chemin, Marou 1

joue au ballon avec Mina. 2

Ratus est assis

sur son mur :

il regarde. 3

Que fait Marou, dans l'histoire ?

Le ballon tombe 4

sur un clou. 5

Marou ramasse

son ballon :

il est dégonflé ! 6

Où est le bon dessin ?

7

8

9

Marou va à la maison. 7

Il dit à Belo :

– Répare mon ballon.

Il est dégonflé.

Et Belo répare le ballon.

Que fait Ratus
dans l'histoire ?

Mina est restée

sur le chemin.

Elle regarde Ratus :

assis sur son mur,

il rit, le méchant ! 8

Où est le ballon réparé ?

Le ballon est réparé.

Belo a collé 9

un gros soleil 10

sur le ballon.

C’est très joli.

Ratus ne rit plus !

FIN

Que fait Mina dans l'histoire ?

Le robot de Ratus

Le rat vert a acheté un robot-rat 11
pour faire peur aux chats. 12
Une nuit, Ratus envoie son robot
dans la maison de Belo.
Mina entend un bruit : 13
c’est le robot-rat !
Elle jette un vase 14
sur la machine de Ratus.

Que fait Belo dans l'histoire ?

4

5

6

L'eau du vase coule dans le robot 15
qui tombe en panne !
Tous les chats sont debout.
Belo répare le robot.
– On va punir Ratus, dit-il.
Je vais apprendre au robot 16
à faire peur au rat vert.

Où est le bon dessin ?

7

8

9

Le robot est revenu

dans la maison de Ratus.

Il crie : – Hou ! Hou ! 17

Le rat vert a peur.

Il va dans sa chambre

et il se cache sous son lit.

Le robot est revenu. Que fait-il ?

Alors le robot va dans la cuisine.

Belo lui a aussi appris 18

à manger le fromage. 19

Le rat vert crie :

– Au secours ! Mon robot est fou !

Il mange mon fromage.

Comment finit l'histoire ?

13

14

15

Ratus est en colère.

Il prend un gros marteau 20

et il tape sur son robot.

La machine se casse.

– Ouf ! dit le rat vert.

J'ai sauvé mon camembert ! 21

FIN

POUR T'AIDER À LIRE

alphabet des **majuscules**

A – a	**H – h**	**O – o**	**V – v**
B – b	**I – i**	**P – p**	**W – w**
C – c	**J – j**	**Q – q**	**X – x**
D – d	**K – k**	**R – r**	**Y – y**
E – e	**L – l**	**S – s**	**Z – z**
F – f	**M – m**	**T – t**	
G – g	**N – n**	**U – u**	

1

un **chemin**

2

un **ballon**

3

il **regarde**

Il **regarde** un film.

4

il **tombe**

5

un **clou**

6

il est **gonflé**

il est **dégonflé**

7

une **maison**

8

il est **méchant**

9

collé

de la **colle**

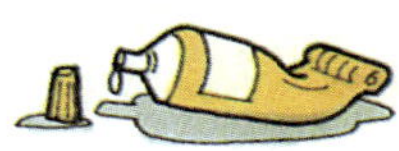

Il **colle**.

10

le **soleil**

11

un **robot**

12

faire *(fè-re)*

il a **peur**

13

il **entend**

il fait du **bruit**

14

elle **jette** *(jè-te)*

15

l'**eau** *(lo)*

16
je **vais** *(vè)*

apprendre
(a-pran-dre)

apprendre à lire

17
Hou ! Hou !
(ou - ou)

18
aussi *(o-si)*

19
manger *(man-jé)*

il **mange**

20
un **marteau**

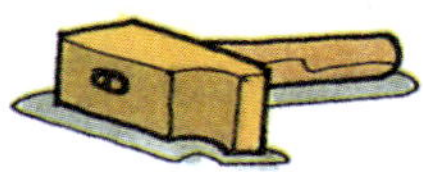

21
sauvé *(so-vé)*

un **camembert**

1 Le robot de Ratus

Ratus a un robot pour faire peur à ses voisins les chats.

2 Tico fait du vélo

Tico a un joli vélo qui va beaucoup trop vite...

3 Les champignons de Ratus

Ratus ramasse des champignons vénéneux !

4 Tico aime les flaques d'eau

C'est amusant de sauter dans les flaques d'eau !

5 Sino et Fanfan au cinéma

Devant nos amis, il y a une chèvre…

6 Ratus raconte ses vacances

En vacances, Ratus est capturé par des pirates…

7 Le cadeau de Mamie Ratus

On vole les fromages de Ratus ! Sa grand-mère va l'aider...

8 Ratus et la télévision

Ratus a acheté une télé. Mais pourquoi est-il furieux ?

9 Le trésor du tilleul

Mistouflette et ses amis vont découvrir un curieux trésor...

10 Ralette au feu d'artifice

Une sorcière s'est penchée sur le berceau de Ralette.

11 Ralette fait des crêpes

Ralette fait sauter une crêpe, très haut !

12 Le bonhomme qui souffle le vent

Gare à ceux qui se trouvent sur son chemin !

13 Ralette fait du camping

Ralette a planté sa tente trop près d'un torrent…